DÉNONCIATION

Contre RAYMOND GASTON, député du
Département de l'Ariège à la Convention
Nationale ,

AUX MEMBRES

DE LA CONVENTION NATIONALE

Compoſant le Comité de Légiſlation.

ℓ

VENDÉMIAIRE, AN IVe DE L'ÈRE RÉPUBLICAINE.

DÉNONCIATION

Contre RAYMOND GASTON, *député du Département de l'Ariège à la Convention Nationale*,

AUX MEMBRES
DE LA CONVENTION NATIONALE

Compofant le Comité de Légiflation.

CITOYENS LEGISLATEURS,

Je vous dénonce *Raymond Gafton*, un de vos collègues, comme un *efcroc*, un *fauffaire* & un *fripon*. ━━ Lifez, interrogez Gafton, & que la Convention prononce.

FAITS.

Le premier Floréal de l'an 3e, *Raymond Gafton*, membre de la Convention Nationale, vendit un *Bien* qu'il poffédoit dans la Commune de Foix, à *Frédérique Menier*, fixa lui-même le prix de fon domaine, rédigea & foufcrivit l'acte de vente fous feing-privé, ainfi conçu :

« Le premier Floréal de l'an troifième de la République Françaife, entre nous Raymond GASTON, demeurant à

Paris, rue Honoré, maison d'Auvergé, Section des Tuileries; & MENIER, demeurant rue Honore n.º 272, Section de la Butte-des-Moulins, a été convenu ce qui suit. Moi *Gaston* fais vente pure, simple & irrévocable, en faveur du susdit *Menier*, stipulant & acceptant pour Ami élu ou à élire, du domaine de *Peissalles*, situe dans la Commune de Foix, consistant en *bâtimens, terres labourables, prés, vignes, bois, jardins*, & en général toutes circonstances & dépendances, telles que le tout se trouve désigné, limité & confronté dans les matrices de rôle de la Contribution foncière de la Commune de Foix, pour par le susdit *Menier* ou son Ami élu ou à élire, en jouir comme de sa chose propre, moyennant le prix & somme de CENT MILLE *livres*, qui a été comptée au susdit *Gaston*, en effets de commerce & lettres de crédit pour somme équivalente: promettant d'en passer acte public à la réquisition de l'une des parties. Fait double & de bonne foi le même jour & an que dessus, moi *Gaston* comme propriétaire, & moi *Menier* en la susdite qualité; *Signé*, Raymond GASTON, F.r MENIER.

En marge est écrit :
ENREGISTRÉ à Paris, le 17 Prairial, an 3., f.º 157 Bureau, Section de la place Vendôme, reçu 2,000 liv.; *Signé*, GUERNE.

Il est ainsi en l'original dudit écrit, certifié véritable, signé, paraphé & déposé pour minute à *Pérignon* l'un des Notaires à Paris soussignés, par acte de cejourd'hui 18 Prairial, de l'an 3.e de la République Française, duement enregistré, MAINE & PÉRIGNON, *signés*.

Le 16 Prairial *Gaston* demanda un congé, & l'obtint. Le même jour il témoigna à *Frédérique Menier* le désir de convertir les effets de commerce, montant de son domaine, en une seule lettre de crédit sur la Place de Marseille, en faveur d'un Négociant nommé *Raimond Peyssalles*, qu'il dit être de ses amis & de son pays. Elle lui fut accordée en ces termes :

Paris, 16 Prairial, l'on 3 de la République.

A Donnadieu & Compagnie, Négocians à Marseille.

J'ai l'honneur de vous prévenir que vous devez tenir à la

dispofition de Raimond Peyffalles, *dont la fignature eft au bas de la préfente, une fomme de cent mille livres dont vous débiterez mon compte. Je vous prie m'accufer réception de la préfente pour ma règle.* Signé, F.ʳ MENIER.

L'Avis fuivant fut en même-temps donné au correfpondant de Marfeille.

J'ai fourni fur vous au Citoyen Raimond Peyffalles, négociant actuellement dans cette ville, une lettre de credit de la fomme de cent mille livres. Il vous fait paffer ma lettre par ce courrier avec fa fignature au bas. Signé F.ʳ MENIER.

Le 18 Gafton partit pour fe rendre à Foix : il vendit le mobilier contenu dans la maifon de Peyffalles & revint à Paris.

Dans cet intervalle l'acte de vente fut envoyé au citoyen *Mangin* à Foix, pour prendre poffeffion légale du domaine vendu. — Le Procureur-fondé de Gafton remit les titres, & demanda à refter dans la maifon jufqu'à ce que l'Acquéreur en eut difpofé, ce qui lui fut accordé. Mangin, induit à erreur par la contefture de l'acte fous-feing privé, qui femble indiquer l'Acquéreur au mafculin, & *Frédérique Menier* étant dans l'ufage de ne mettre à fa fignature que la lettre initiale de fon prénom, fit faire les actes extrajudiciaires à la requête de *François Menier*. Gafton, de retour à Paris, en eut connoiffance & fit notifier à Mangin l'acte fuivant.

« L'an 3 de la République, & le 19 Thermidor, je *François Laffont*, Huiffier du Tribunal de Foix, y réfident, fouffigné : de la part du Citoyen Raymond GASTON, député du Département de l'Ariège à la Convention Nationale, qui élit fon domicile à *Peyffalles* en la perfonne du Citoyen *Ramaget* y demeurant ; il eft rémontré au Citoyen *Mangin*, fe difant Procureur fondé du Citoyen MENIER ; que le Citoyen *Gafton* vient d'être inftruit, par le Citoyen *Deidier Ramaget*, chargé de recevoir fes rentes, que ledit *Mangin* lui a fait fignifier un acte de fommation de déguerpir dans, le délai de trois jours, le domaine de *Peyffalles*, appartenant au Citoyen *Gafton*, prétendu vendu à *Menier*. Cette fommation est denuée de fondement, attendu qu'il n'a existé qu'un projet de vente entre les Citoyens *Gaston* & *Menier*, projet qui n'a pas même été signé par *Menier*, prétendu acquéreur, qui n'a été ni accepté, ni consommé, dont le prix n'a point été payé & qui n'a été signé que par une femme en puissance de mari, qui n'a été stipulé ni en son nom ni en celui du prétendu acquéreur, & qui n'avoit ni pouvoir ni mandat pour cela. Il est surprenant que ledit *Mangin* prétende faire exécuter un simple projet de vente sans réalité : le rémontrant lui déclare que *loin de déférer à cette sommation*, il continuera de jouir, par le moyen de ses fermiers ou de ses fondés de pouvoir, du domaine dont il s'agit, dont il a conservé la propriété au moyen de la déclaration qu'il a faite *de ne point vouloir consommer le projet de vente dont il s'agit.* Fait défenses expresses à *Mangin* de le troubler en sa propriété & jouissance, l'interpelle de rendre sans délai les baux à ferme qu'il a soustrait des mains de *Ramaget*, qui n'étoit pas autorisé à les lui remettre : à défaut de quoi, le Citoyen *Gaston* proteste de se pourvoir contre ledit *Mangin*, & de tous dépens, dommages & intérêts, dont acte ; & a signé avec moi dit Huissier. En foi de ce LAFFONT, GASTON, Représentant du Peuple.

Mangin, revenant sur ses pas, a fait, à la requête de *Frédérique Menier*, les actes d'usage pour prendre possession du domaine vendu ; mêmes oppositions de la part de Gaston & devant le Juge de paix & auprès du Tribunal de Foix.

Les démarches faites par Gaston les 16 & 17 Prairial, l'analogie existante entre le nom de *Raimond Gaston*, celui du domaine vendu & le nom de *Raimond Peissalles*, firent soupçonner à cette époque sa loyauté. Frédérique Menier se borna néanmoins à faire enrégistrer l'acte de vente sous seing-privé, & à en faire le dépôt chez Pérignon notaire, rue Honoré à Paris.

Son acte du 19 Thermidor & son opposition à la prise de possession, ont engagé *Frédérique Menier* à demander à *Donnadieu* de Marseille, communication de la correspondance de *Raimond Peissalles* relativement a la lettre de crédit, & elle s'est convaincue que *Gaston, Représentant du Peuple*, est lui-même le prétendu *Raimond Peiffalles*. Sa correfpondance fous ce nom emprunté mérite d'être lue avec attention.

Paris, le 16 Prairial, l'an 3.e de la République.

A Donnadieu & Compagnie, Négocians à Marfeille.

CITOYEN,

Je vous envoie une lettre de crédit de la fomme *de cent mille livres* (a) que m'a fournie *F. Menier* : vous m'obligerez de m'accufer fa réception, & de tenir ladite fomme à ma difpofition. *Peut-être aurai-je befoin de convertir partie d'icelle fur Bâle ou Génève, où j'ai quelque chofe à payer. Marquez-moi fi vous pouvez tirer fur une de ces Places ou me fournir du papier fait. Salut & fraternité, Signé Raimond Paiffalles.*

Mon adreffe eft *au Citoyen Raimond Peiffalles, chez le Citoyen Gaflon, député du Département de l'Ariège, rue Honoré, maifon Auvergne, N.° 449.*

Paris, le 10 Meffidor, l'an 3.^e

A Donnadieu, à Marfeille.

J'ai reçu votre lettre du 2 Meffidor, par laqu'elle vous m'annoncez ce que vous m'aviez promis par votre lettre du 25 du paffé, de m'inftruire exactement des fonds qui vous entreraient pour le compte du citoyen Menier. Je vous préviens que *je dois prendre de nouveaux arrangements avec le Citoyen Menier, quoique les premiers fubfiftent toujours ; & en conféquence je vous prie de ne pas garder dans votre caiffe pour moi, jufqu'à nouvel ordre de ma part, les affignats qui vous rentreront du produit des marchandifes appartenant au fufdit MENIER. Je vous ferai part cependant de nos nouveaux accords avec le fufdit MENIER, dans le cas qu'ils auroient lieu ; & alors je vous indiquerai le lieu de la réfidence que j'aurais choifi, pour*

(a) Il eft inutile d'obferver, que Gaflon en envoyant la lettre de crédit, y a mis au bas la fignature *Raimond Peiffalles.*

y faire parvenir les fonds qui me feraient deftinés, fi les nouveaux arrangements avec le Citoyen Menier avaient lieu. Accufez-moi, je vous prie, la réception de cette lettre. Ecrivez-moi toujours à la même adreffe, maifon Auvergne à Paris. Signé RAIMOND PEISSALLES.

Il réfulte clairement de la lecture des pieces, que *Gafton* a vendu fon domaine de *Peyffalles* & qu'il en a reçu la valeur. A-t-il vendu en même temps fon domaine à deux individus portant le nom de *Menier?* on devroit le préfumer, d'après l'acte du 19 Thermidor & la lettre fignée *Peyffalles*, du 10 Meffidor; mais c'eft ce qu'il importe peu à *Frédérique Menier* de favoir. GASTON a lui-même dreffé l'acte de vente fous feing-privé, du premier Floréal: l'original tout au long, écrit de la main de Gafton, eft dépofé chez *Pérignon* notaire: la copie, écrite par Frédérique Menier chez elle, en préfence de Gafton, fut remife à ce dernier. La lettre de crédit fut encore écrite, le 16 Prairial, par Frédérique Menier, Gafton préfent. Ainfi il n'a jamais ignoré qu'il traitoit avec une femme qui le payoit. Il importe peu de favoir fi elle étoit ou non en puiffance de mari, puifqu'une femme, dans ce cas, n'a befoin d'autorifation que pour s'obliger. Voici une lettre qui démontre fi Gafton a vendu à un homme ou à une femme.

Paris, ce 8 Meffidor, l'an 3.e de la République françaife, une & indivifible.

Gafton à Expert, *Repréfentant du peuple.*

Tu fais, mon cher Expert, que les circonftances m'ont engagé à vendre mon bien à ta femme: aujourd'hui qu'elles ne font plus les mêmes & qu'il m'eft furvenu quelques reffources, je te conjure de faire annuller la vente que j'ai faite de mon bien fous feing-privé. Et pour cet effet tu pourras faire remettre l'acte de vente au citoyen Ringet, mon Procureur-fondé réfident à ma campagne de Peiffalles, & je remettrai le duplicata de cet acte figné de ta femme au citoyen MENIER ou tel autre

(7)

ami que tu m'indiqueras à Paris. Je conte affez fur ton amitié, pour être bien perfuadé que tu fatisfairas mes défirs à cet égard, &c. Salut & amitié, Signé GASTON Reprefentant du peuple.

Au Citoyen Expert, Repréfentant du peuple, à Mirepoix, Département de l'Ariège.

Ainfi il eft évident, que *Gafton* a vendu fon bien à *Fréderique Menier*; mais comment concilier cette lettre avec celle qu'il écrivit deux jours après à *Donnadieu* à Marfeille, dans laquelle il ne parle que d'un *Citoyen Menier*, & non de la *Citoyenne Menier*, qui lui avoit fourni la lettre de crédit? Son acte du 19 Thermidor & fa correfpondance avec *Ramaget*, fon fondé de pouvoir, expliquent tout. *Gafton*, *Légiflateur*, *Homme - d'affaires*, puifqu'il a été long-temps Juge-de-Paix, traitant, le 1er Floréal, avec une femme de bonne foi, dreffa lui-même l'acte du premier Floréal dans lequel il inféra, dans deux en droits, ces mots: *ledit Menier*, au lieu de *ladite Menier*. Le 10 Meffidor, *Gafton* dans fa lettre à *Donnadieu* affecte de ne parler que d'un Citoyen *Menier*; le 19 Thermidor *Gafton*, par un acte figné de fa main, prétend qu'il n'a jamais vendu fon bien, qu'il n'a exifté qu'un projet entre lui & un Citoyen *Menier*, & que l'acte du premier Floréal fourmille de nullités; *Gafton* les y inféra donc à deffein pour fe menager, à lui ou à fes ayant-caufe, un moyen de caffation; & de refter toujours en poffeffion du bien vendu, ce à quoi il perfifte toujours par fes oppofitions; cela eft certainement une efcroquerie, s'il en fut jamais; mais *Gafton* ne s'eft pas borné là, il a voulu être complétement *efcroc*, *fauffaire* & *fripon*. Fauffaire, ce fait eft prouvé par les trois lettres à *Donnadieu*, qu'il a fignées *Raymond Peiffalles*. Fripon, car tandis que d'un côté il prenait des mefures pour pouvoir annuller à volonté, fous fon vrai nom, la vente qu'il avoit faite de fon domaine; de l'autre, fous un nom emprunté, il tâchait d'en faire paffer la valeur chez l'étranger, ou d'en jouir *incognito* dans quelque recoin de la République. Auffi dans fa lettre à fon Collègue, en propofant la nullité de l'acte de vente fous feing-privé, a-t-il grand foin de ne faire aucune mention de la lettre de crédit de CENT MILLE livres, dont il eft nanti fous le nom de *Raymond Peiſſalles*. L'a-t-il faite négocier à Bafle ou à Génève, c'eft une confidence qu'il fera, fans doute, au Comité de Légiflation.

A St.-Quintin, Département de l'Ariège, Vendémiaire, l'an IV.ᵉ

ÉD. MÉNIER.